respondance habituelle, je lance sur la fermentation européenne, je descende aux détails d'une intrigue de province, parce que cette province est votre patrie et parce que vous en êtes éloigné. Vous espérez, je le vois, rencontrer dans mes lettres des noms chers à votre jeunesse, et peut-être vous flattez-vous que mon pinceau malin n'épargnera pas quelque ancien rival. Quelle serait votre surprise si tout le résultat de mes épîtres était de vous féliciter d'être éloigné d'un pays que vous aimez à si juste titre? Je ne veux point être cause d'un si mauvais sentiment, et c'est pour cela que, malgré votre impatience, je me décide si tard à la satisfaire; il nous eût été trop pénible à tous deux de suivre dès son principe cette série de bassesse, d'intrigues maladroites, de séductions, de menaces, de petites passions, de risibles fureurs qui viennent ternir et déshonorer le plus beau droit que puissent exercer des hommes. Le ridicule, peut-être, nous eût un instant amusés, mais encore, pour plaire, le comique a besoin d'être un peu noble. Admirateurs du divin Molière, les farces de Brunet et de Pothier ne nous ont jamais divertis. Ni vous ni moi n'avons besoin de nous enfoncer dans ce dédale de faits particuliers qui n'ajoutent rien à notre savoir; à notre âge, et après avoir traversé la révolution, on connaît assez l'homme, et c'est une étude, vous le savez, que le philosophe paye fort cher. Où sont ces douces illusions qui nous peignaient tout en beau?

Où est ce temps où nos cœurs s'enflammaient au récit des comices de Rome, où l'idée d'une élection était inséparable, dans nos esprits, du choix du plus vertueux et du plus capable?

Vous ne trouverez donc pas mauvais, mon ami, que je vous aie fait grâce de tous les misérables artifices par lesquels on a préludé à nos élections ; mais, aujourd'hui que la trompette sonne et qu'on serre les rangs, il serait trop cruel de vous refuser la description du champ de bataille, de l'ordre des combattans, de l'armure et du panache des chefs. Vous vous souviendrez pourtant que ce n'est pas là le chant le plus agréable de l'Iliade, et je crois, si je vous ennuie, que voilà la plus forte excuse que je puisse vous donner.

Mais il serait imprudent, tout simples spectateurs que nous soyons de ce grand combat, de ne pas nous placer à une hauteur inaccessible, et de nous dépouiller de nos cuirasses. Nos messagers ne sont pas, dit-on, d'une discrétion éprouvée, et la calomnie est à l'ordre du jour ; elle empoisonne la vie des plus honnêtes gens, et les titres de jacobins et de bonapartistes, ceux de conspirateurs et d'anarchistes sont les plus doux de ceux qu'on prodigue aux hommes inflexibles que, suivant l'expression de Fabricius, l'on ne peut émouvoir, et que l'éléphant ne peut épouvanter. Récapitulons donc, mon ami, et en peu de mots, nos principes et nos sentimens politiques; ce sont ceux de l'immense majorité de

nos compatriotes ; ce sont, vous le savez, ceux dans lesquels nous confirment tous les jours nos études historiques et politiques. Je pourrais me borner à dire que nous sommes Français et que nous avons vû la révolution. De-là coulerait nécessairement cette conséquence qu'heureux de nous reposer dans le sein d'une noble dynastie, de vivre sous ce sceptre revenu parmi nous entouré de l'auréole de la liberté, nous sommes dévoués par le cœur et par le raisonnement à la famille des Bourbons. Et quel est le Français qui ne sache que l'hérédité du trône dans une maison glorieuse est le plus ferme appui des lois et de la stabilité de l'État? Quel homme raisonnable peut aspirer à des révolutions funestes où viennent s'engloutir pour des siècles la morale, la liberté qui ne s'acquiert et ne se conserve que par elle, et la richesse des citoyens? Nous sommes donc, mon ami, des royalistes et des *royalistes-bourbonniens;* notre sûreté, les souvenirs de nos ancêtres, la reconnaissance pour l'auteur immortel de la Charte, l'espoir d'un heureux avenir sous une race que la Providence éternise, tout nous en fait une loi; mais, inflexibles dans cette conviction, nous ne le sommes pas moins dans celle qu'un roi ne peut gouverner sans règle : la nature a posé les limites de l'humanité ; c'est là qu'aboutissent tous les raisonnemens sur le despotisme et sur le bonheur attaché au gouvernement constitutionnel. La règle de la nation française, celle que le Roi lui a tracée et

s'est imposée à lui-même dans sa sagesse , c'est la Charte ; la Charte est donc la constitution de l'État, elle est la base sur laquelle doivent s'asseoir avec respect tous les pouvoirs qui concourent au gouvernement.

Voilà, mon ami , notre profession de foi bien établie; nous sommes ce qu'on appelle des *royalistes-constitutionnels ;* mais , dans notre siècle, les mots sont sujets à d'étranges abus : quel nouveau Locke viendra nous les faire sentir? Ne vous apercevez-vous pas que voilà notre langage parfaitement d'accord avec celui des ministres , et ne croirait-on pas que nous sommes des agens ministériels payés pour commenter les circulaires dont je vous entretenais il y a quelque temps; circulaires bizarres, où les principes de la liberté étaient accompagnés de menaces tyranniques , où l'exécution des lois était confiée à l'intrigue, où les plus hautes dignités de l'État étaient désormais consacrées à l'espionnage? Hâtons-nous donc de dire que cette base sur laquelle nous voulons que l'État repose, nous la demandons large, harmonieuse dans toutes ses proportions , plus dure et plus inattaquable que l'airain même ; tandis que celle que veulent nous donner les ministériels serait mesquine , mutilée et plus faible que l'argile.

Vous voyez donc la couleur qui nous sépare des hommes qui sont attachés à la constitution *officiellement.* Hélas ! c'en est assez pour nous faire flétrir

du nom d'hypocrites. A ces mots, les indiscrets qui nous lisent ne nous tiennent plus compte de notre première déclaration. Ah ! si je vous nommais ceux qui se répandraient le plus en invectives ; si je vous montrais ces amis invariables du pouvoir quel qu'il soit, furieux de sentir qu'il y a des hommes à principes, essayant d'abattre de leurs petites mains ces censeurs de leur vie, qui leur apparaissent comme de terribles fantômes ; ah ! mon ami, vous auriez, je l'espère, assez de philosophie pour ne pas vous indigner ; vous seriez même assez aimable, assez indulgent pour ne pas rire de pitié : vous ririez de grand cœur.

Nous voilà donc, à présent que nous nous entendons, nous voilà capables de porter un jugement sur ceux qui postulent l'honneur de représenter notre département. Je le répète, pour le représenter dignement, il faut qu'ils soient royalistes et constitutionnels ; nous rejetterons, n'en doutons pas, tous ceux qui ne rempliront pas cette double condition : qu'ils n'aspirent pas à voir leurs noms sortir de l'urne civique, ceux qui se diraient amis du Roi et le sépareraient de la Charte, non plus que ceux qui croiraient que la Charte peut exister sans le Roi. Les premiers sont ou des ambitieux qui se parent hypocritement d'un titre sacré, ou de tristes sots : ils ne peuvent être les députés de Français loyaux et éclairés ; les autres, non moins à craindre que les premiers, ne sont pas meilleurs

logiciens ; ils n'ont pas vécu, et ils ne savent pas qu'une révolution nouvelle soustrairait tout-à-fait notre malheureuse patrie à l'empire des lois et à l'heureuse influence de la liberté. Nous n'exceptons pas non plus de tels hommes.

Vous connaissez, mon ami, tous ceux que je vais vous nommer; puisque nous sommes royalistes constitutionnels, il est juste que je commence par ceux qui partagent nos sentimens. Vous lisez les journaux, et je n'ai pas besoin de vous parler des arrondissemens qui composent les colléges, ni des lieux où ils s'assemblent.

L'homme qui jusqu'à présent réunit le plus grand nombre de suffrages, est M. Vernier. Le collége de Troyes lui donnera, en le nommant, un témoignage éclatant de la juste considération dont il jouit : modéré, ferme dans ses principes, il a traversé la révolution sans tache; son horreur pour les crimes qui l'ont souillée n'a point affaibli en lui l'amour de la liberté; il croit que sous l'empire du Monarque légitime et de la Charte, elle se présentera avec une escorte plus digne d'elle. Je ne vous parlerai point de sa vie privée, vous la connaissez ainsi que tous nos concitoyens; et si elle n'était pure, je n'essaierais pas même d'attirer votre attention sur elle; son examen ne serait pas de notre domaine, mais l'exemple de la vie d'un sage appartient à son pays. Les constitutionnels se plaignent depuis quelques jours que M. Vernier man-

que d'une certaine énergie active ; on lui a reproché avec trop d'amertume de n'avoir pas concouru à des réclamations tendantes à faire disparaître de graves irrégularités commises dans la liste des électeurs : son silence tenait à des motifs de délicatesse que les hommes sensés ont approuvés ; et loin que son élection doive en être contrariée, je crois qu'il en acquerra un plus grand nombre de suffrages. Si, comme nous l'espérons tous, M. Vernier est nommé, nos compatriotes auront bien noblement répondu aux calomnies dont ils sont l'objet ; vous n'ignorez pas qu'on les accuse de manque d'esprit public, et parce que leur opinion se mûrit dans le silence, on prétend qu'ils sont apathiques et servilement soumis aux impressions qu'on veut leur donner. Répondez, mon ami, à des assertions aussi injurieuses, que M. Vernier n'a pas fait la moindre démarche pour solliciter des suffrages ; que les électeurs pleins de confiance en lui sont venus le chercher, et que son élection sera le triomphe de l'homme de bien. De l'homme de bien ! Aurais-je le courage de vous dire que les partis osent l'attaquer, que d'anciens amis même…. Mais pourquoi désenchanter nos espérances ? pourquoi troubler la sérénité de son âme ? Non, méprisons de si odieuses menées, et oublions jusqu'aux noms de leurs vils agens ; que rien ne trouble les hommages que nous devons lui rendre ; n'empêchons même pas ceux qui le décrient de venir lui témoigner leur joie…. après son élection.

D'autres candidats recommandables sans doute, s'offrent au choix des électeurs du collége de Troyes; mais puisque tous les regards se portent sur M. Vernier, espérons que ces citoyens vertueux sauront faire le sacrifice d'un juste orgueil à la chose publique; que MM. Dubois, Payn et Guérard de Rouilly, si dignes de nos suffrages, et si sûrs de les obtenir, si nos anciens députés avaient un peu plus songé à nous donner une représentation conforme à notre population, penseront au danger où nous exposerait une division. Ils savent que l'ennemi est attentif, et qu'un peuple qui veut se sauver se donne un chef et des lois qui commandent des sacrifices.

Les électeurs du collége de Bar-sur-Aube ne paraissent pas encore fixés sur leurs candidats. Le royaliste constitutionnel qui jusqu'à présent se présente avec le plus d'avantages, est M. de Plancy, homme actif, plein d'énergie et de talens administratifs. Préfet de Seine-et-Marne pendant l'invasion de 1814, il crut que la patrie exigeait de lui plus que des arrêtés alarmans, que des soins d'archives et que des moyens de se replier sur Paris : il ne quitta pas son département, il fit partager à l'armée l'abondance des greniers de la Brie, organisa une forte garde nationale, et se battit souvent à sa tête : l'attitude imposante de ce département rejeta plus d'une fois l'ennemi sur la Champagne; mais comme M. de Plancy y a toutes ses propriétés, et qu'elles ont été

passablement dévastées, nous n'avons pas le droit de nous en plaindre.

Avant d'être appelé à cette préfecture, il avait administré les départemens de la Loire et de la Nièvre, et partout il a laissé la réputation du plus obligeant des hommes, comme du plus vigilant et du plus juste des administrateurs. Non content d'exercer ses fonctions avec la plus sévère probité, il n'a jamais souffert que ses agens s'en écartassent, et la conscription n'a point fait naître dans ses bureaux de ces fortunes scandaleuses qui ont déshonoré tant de préfectures.

M. de Plancy a été destitué en 1815, et le ministère paraît avoir le sentiment de l'injustice qui fut commise envers cet honorable candidat; car c'est lui qu'il poursuit avec le plus d'acharnement, et dont il désire surtout voir échouer les prétentions. Craindrait-il que son caractère en ait été aigri? Mais M. de Plancy est un de ces hommes calmes qui, supérieurs aux événemens, savent les juger. Dès son enfance, ami de l'agriculture, il est revenu avec joie au milieu de ses champs, et il ne veut plus en sortir que pour défendre à la fois les droits du peuple et ceux du trône qui sont protecteurs de la liberté.

Ce candidat présente des garanties à toutes les classes de propriétaires. Possesseur d'une grande fortune patrimoniale, il jouit encore de près de quinze mille francs de revenus en biens nationaux.

L'abbaye de Sellières, dont le nom s'attache au plus grand souvenir du dix-huitième siècle, lui appartient. L'ombre de Voltaire applaudira à son élection : habitans de Bar-sur-Aube, c'est à vous qu'elle est réservée. Le département attend de vous un double service; en nommant M. de Plancy, vous faites plus qu'un bon choix, vous en évitez un funeste.

Je ne vous cacherai pas pourtant que plusieurs constitutionnels craignent que M. de Plancy ne prétende encore à des places administratives; et dans l'opinion très-légitime où ils sont qu'un fonctionnaire ne peut conserver l'indépendance qui est si nécessaire à un député, ils balancent à lui donner leur voix. A voir la conduite du ministère à son égard, il paraît qu'il en juge autrement. Toutefois, les électeurs auront raison de demander à M. de Plancy une déclaration de principes; s'il la donne, son honneur et sa délicatesse sont connus, et on peut compter sur lui.

M. Pavée de Vandeuvre sollicite aussi les suffrages des électeurs du collége de Bar-sur-Aube. On assure que ses principes sont ceux d'un vrai royaliste constitutionnel; mais Rome refusa le consulat à Collatin, par cela seul qu'il s'appelait Tarquin. M. de Vandeuvre est attaché, par une place amovible, au ministère actuel. Nous ne doutons pas qu'il ne sût la sacrifier à l'honneur de nous représenter et de nous défendre; mias il serait peutêtre trop tard, et sa candidature n'aurait d'autre effet que de diviser les suffrages et de donner prise à l'intrigue. Que M. de Vandeuvre prépare donc les voies pour un autre temps ; qu'il fasse loyalement l'abandon de ses droits, et les constitutionnels marqueront le jour de la récompense, en le voyant franchement engager ses amis à se rallier à la cause commune.

Le collége de département, que nous appelons emphatiquement le *grand collége*, fera sans doute un bon choix : les électeurs constitutionnels y ont une forte majorité ; si MM. Vernier et de Plancy sont élus par les colléges d'arrondissemens, le grand collége pourra donner à MM. Pavée de Vandeuvre, Guerard, Dubois et Payn, des preuves de sa reconnaissance pour leur patriotique sacrifice. Je ne dois pas oublier de mettre au nombre des candidats de ce collége M. Eusèbe de Salverte, homme de lettres distingué, connu par attachement à la Charte, et qui vient de publier, sur l'objet dont toute la France s'occupe, une brochure intéressante, à laquelle on ne peut reprocher qu'un peu d'obscurité.

Après les royalistes constitutionnels, je devrais, mon ami, placer les royalistes, soi-disant purs, les hommes qu'on désigne sous le nom d'ultraroyalistes : je les préfère infiniment à ceux qui arborent la bannière éternelle des hommes qui disposent des places et des pensions. En effet, ceux-là ont un système (quelqu'absurde qu'il soit), ceux-ci se croiraient perdus s'ils n'en changeaient tous les jours ; je suis souvent tenté de croire que les premiers ont une conscience : cette tentation ne saurait me surprendre en faveur des autres. Mais ces pauvres ultras sont en si petit nombre, les voix dont ils disposent sont si enrouées et si ridicules, que je ne crois devoir vous en dire qu'un très-petit mot à la fin de cette longue lettre. Faites à ce sujet toutes les réflexions que vous inspirera la perversité du siècle, il n'en est pas moins vrai que les ministériels (puisqu'il faut les appeler par leur nom) ont plus de voix que les ultras. Mais aussi, que de moyens de séductions sont en leur pouvoir ! L'un a promis plus de cinquante places aux électeurs, à leurs fils, à leurs gendres, (Dieu sait comme il tiendra parole !); l'autre vous menace du courroux du gouvernement ; le troisième vous dit que si vous ne lui donnez pas votre voix, vous serez un homme *déconsidéré*. Ajoutez à tant de puissance l'empressement que mettent à les seconder tous les administrateurs, juges, fonctionnaires, agens de police, gendarmes. Pauvres fonctionnaires ! pourquoi la charité chrétienne (car les fonctionnaires sont encore quelque peu hommes), pourquoi la charité me force-t-elle à vous cacher la pitoyable position de quelques-uns ? Les imprudens ! qu'ils descendent dans leur cœur, ils y trouveront leurs opinions, ils se diront qu'elles sont connues. Qu'ils se demandent après cela si ces hommes qu'ils servent avec tant de chaleur leur pardonneront ces opinions, et s'ils se feront scrupule de leur enlever des places pour lesquelles ils se déshonorent aujourd'hui. Non, Messieurs, vous les perdrez, et vous ne serez pas consolés par vos concitoyens ; voilà votre lot.

Passons à nos ministériels : M. le comte de la Briffe préside le collége de département : ce collége le nommera donc député ? Voilà le plus fort argument qu'on puisse employer en faveur de ce candidat.

M. Paillot de Loynes , ancien député, président du collége de Troyes, a fourni une longue carrière publique. Ce député a de l'ambition (tout homme en a sans doute, dit Mahomet), mais on trouve en lui une certaine défiance de soi-même qui ne lui permet pas de s'y livrer tout entier. Maire de Troyes il y a près de vingt ans, et sur le point de s'élancer peut-être jusqu'à une sous-préfecture, une malheureuse disette vint détruire de si belles espérances; M. Paillot donna sa démission. Député en 1817, sa condescendance pour le ministère le fit nommer à la préfecture de la Mayenne. M. Paillot reçoit les complimens de ses amis, part pour prendre possession de sa nouvelle dignité ; ne voilà-t-il pas qu'à mi-chemin M. le préfet apprend que les Mayennais souffrent de la disette, et qu'ils ont assez mauvaise tête pour vouloir que leurs administrateurs leur proeurent des moyens de subsistance. M. Paillot n'hésite pas, il revient, donne sa démission, et manque encore une fois sa fortune. On disait que depuis ce temps ce député proposait de faire du royaume un vaste grenier d'abondance; il faut qu'il ait trouvé le plan impraticable, car il paraît avoir renoncé à la fortune, et avoir trouvé le bonheur dans une honnête médiocrité : la place de secrétaire général de la préfecture de l'Aube suffit, dit-on, à son ambition.

S'il y a de honnes gens qui croient qu'un pareil emploi est au-dessus d'un député de la nation, M. Paillot leur répond que c'est une sinécure, une place où on ne fait rien (d'autres disent une place qu'on ne fait pas); que d'ailleurs il la garde pour M. son fils. On reproche à M. Paillot de se plaindre sans cesse de sa trop grande dépense à Paris pendant les sessions : j'avoue qu'on n'aime guère entendre un député parler *d'argent;* mais c'est peut-être la suite des idées économiques qui l'assiègent à l'occasion des budgets ministériels.

Ainsi les qualités avec lesquelles se présente ce candidat sont la prudence, l'amour de l'abondance alliées à une sage économie, et le désir de l'hérédité des places. Tout cela est très-innocent, et nous pouvons oublier le projet de certain discours en faveur de la nouvelle loi d'élection, discours dont la goutte qui afflige M. Paillot nous a malheureusement privés.

M. Vandeuvre (Basile), procureur général à la cour royale de Dijon, et que bien vous connaissez, mon cher ami, est le candidat qu'on craint de voir élire à Bar-sur-Aube. Et pourquoi craindre ? Ah ! certes, on a grand tort. Quel homme peut mieux nous convenir ? Ne nous faut-il pas des députés qui donnent des garanties à tous ? N'y a-t-il pas une doctrine en vertu de laquelle il faut avoir donné des gages, entendez-vous bien, des gages à tous les partis ? Mon ami, M. Vandeuvre (Basile) est cet homme par excellence. En 1793 et 1794, il était secrétaire d'un représentant du peuple et le servait avec la chaleur naturelle à son âge. Que d'espérance ne promettait pas un tel début ! il faut toujours commencer par le plus difficile. Le caractère de M. Vandeuvre, une fois assoupli chez un conventionnel, quelle facilité n'eut-il pas à être procureur impérial ? Fort bien ; voilà, direz-vous, des gages pour les révolutionnaires, mais pour nous... Attendez, attendez, nous y venons. Le régime de 1815 et de 1816 trouva en M. Vandeuvre un ardent défenseur ; il était à cet époque avocat-général à Paris. L'astre de M. Decazes se leva, et voilà M. Vandeuvre à demi constitutionnel. L'ingrat ! que n'a-t-il continué ? cette demi-opinion lui valut une place de procureur général. Mais M. Decazes est tombé, et M. Vandeuvre dit à ses intimes, qu'il ne faut décidément plus de Charte. Il le dira en public, lorsque l'élection sera terminée. Ah ! électeurs de Bar-sur-Aube, chacun de vous, pourvu qu'il ne soit pas franc constitutionuel, peut trouver son opinion représentée d'une manière plus ou moins distincte en ce candidat si actif, si protecteur. Vous devez le nommer. Mais, où vais-je m'égarer ? Pardon, mon ami, j'aurais pu me dispenser de vous parler de M. Vandeuvre, car est-il éligible ? Tout le monde assure que non, qu'il y a erreur sur la liste électorale qui lui compte 1056 francs de contribution. Des indiscrets, qui ont osé violer le sanctuaire des rôles, affirment qu'il ne paie que 960 francs. Quel dommage ce serait ! N'en croyons rien, et nommons toujours M. Vandeuvre, sauf à voir annuler son élection, s'il y a lieu.

Mon cher ami, l'haleine me manque, et je dois aussi vous fatiguer. Je vous ai promis de vous parler des candidats ultra-royalistes; mais, toutes réflexions faites, je n'en dirai rien. A proprement parler, ils ne sont pas candidats, et, après bien des recherches, je trouve qu'ils ne sont guère présentés que par eux-mêmes et par un homme qui, malgré son inscription sur les listes d'électeurs, n'a pas trente ans.

Adieu, etc., etc.

CLERMONT, *électeur.*

———

LETTRE

ÉCRITE DE BAR-SUR-AUBE,

SUR LES ÉLECTIONS

DU DÉPARTEMENT DE L'AUBE.

PARIS.

PLASSANT, IMPRIMEUR, RUE DE VAUGIRARD, N° 15.

1820.

LETTRE

ÉCRITE DE BAR-SUR-AUBE,

SUR LES ÉLECTIONS

DU DÉPARTEMENT DE L'AUBE.

—————

« La plupart des États ont été perdus par ces citoyens équi-
» voques qui veulent s'accommoder au temps, qui, dans
» les affaires publiques, au lieu de considérer ce que le
» devoir exige d'eux, cherchent à tirer, des plus fâcheuses
» circonstances, le meilleur parti, ou du moins le moindre
» mal possible, et n'opposent par-là aux événemens, que
» les ressources de leur esprit, de leur sagacité, de la
» faible prévoyance humaine, et non l'inflexible roideur
» de la vertu, la fermeté inébranlable du devoir ; et nous
» ne verrons la Pologne concevoir quelque espérance de
» salut, que quand le plus grand nombre des Polonais
» cesseront de calculer ce qu'ils peuvent, pour considérer
» uniquement ce qu'ils doivent : tant les règles éternelles
» de la vertu sont au-dessus des plus sublimes efforts du
» génie et des talens ! »

(Lettre de l'évêque de Cracovie aux Polonais.
Rulhières, livre VIII.)

Bar-sur-Aube, le 23 octobre 1820.

Vous voulez absolument, mon ami, que je vous
écrive sur les prochaines élections de notre département, qu'abandonnant les hauteurs de la politi-
que générale et ce coup-d'œil que, dans notre cor-